MODE D'EMPLOI

1 Réfléchissez et comptez vos levées avant de fournir la 1re carte du mort.

2 Cherchez le bon plan de jeu.

3 Choisissez une des 3 réponses.

4 Lisez la solution et le conseil pratique.

5 Calculez votre score après chaque série de 5 tests.

ISBN 2 268 01527 0

PETIT MEMENTO

LE PLAN DE JEU EST LA BASE DU JEU AVEC LE MORT

Prenez un TEMPS DE RÉFLEXION avant de fournir la 1re carte du mort et faites votre

PLAN DE JEU

S. A.

1. Compte des levées GAGNANTES
2. Choix de la couleur à AFFRANCHIR

ATOUT

1. Compte des levées PERDANTES
2. Y a-t-il urgence ou non à jouer ATOUT

MANIEMENT DE COULEUR (ou atout)

Voici plusieurs techniques dont l'utilisation est particulièrement courante dans le jeu à SA et à l'atout :

LES TECHNIQUES DE BASE (S. A. et atout)	
1	**LES COMMUNICATIONS** entre les 2 mains, pour les impasses ou pour réaliser les levées affranchies.
2	**LA SÉCURITÉ,** contre un mauvais partage d'une couleur ou contre un raccourcissement à l'atout.
3	**L'ORIENTATION** des impasses, pour empêcher l'adversaire dangereux de prendre la main.
4	**LE CUMUL DES CHANCES,** retardez vos impasses avec plusieurs couleurs exploitables.
5	**LA MISE EN MAIN** en fin de coup, après élimination, fréquente à l'atout, non négligeable à SA.

TESTS 1 A 5

PLANS DE JEU A SANS-ATOUT

★

TEST N° 1

♠ 9 7 2
♥ V 10 5
♦ A 9 8 6 2
♣ 10 3

	N	
O		E
	S	

♠ A R V
♥ A 8 6 2
♦ 7 5 3
♣ A R 9

VOUS JOUEZ 3 SA EN SUD

Ouest entame du 3 de ♠.

QUEL EST VOTRE PLAN DE JEU ?

1	Petit ♥ vers le Valet	
2	Affranchissement des ♦	
3	♦ pour l'As et Valet de ♥	

RÉPONSE

TEST n° 1	
① =	10
② =	20
③ =	10

	♠ 9 7 2 ♥ V 10 5 ♦ A 9 8 6 2 ♣ 10 3	
♠ D 10 5 3 ♥ D 9 4 3 ♦ R 10 ♣ V 8 5	N O E S	♠ 8 6 4 ♥ R 7 ♦ D V 4 ♣ D 7 6 4 2
	♠ A R V ♥ A 8 6 2 ♦ 7 5 3 ♣ A R 9	

Quel est le total de vos levées maîtresses ?

Trois à ♠, une à ♦ et à ♥ et deux à ♣, soit sept levées.

Le plus souvent le déclarant d'un contrat sans atout doit affranchir sa couleur la plus longue.

Quelle est cette couleur ?

Il s'agit des ♦ : vous possédez 5 cartes au mort et 3 dans votre main.

Comment affranchir deux levées à ♦ ? Vous devez perdre deux levées à ♦ alors abandonnez-les tout de suite en prenant bien garde de conserver l'As de ♦.

Donnez deux coups à blanc à ♦, c'est-à-dire jouez à la deuxième levée le 3 de ♦ et fournissez petit du mort. Prenez le retour adverse et recommencez la manœuvre. Lorsque vous reprendrez la main en Sud, vous continuerez par un troisième tour de ♦ que vous prendrez de l'As. Les ♦ adverses sont répartis 3-2, les deux petits ♦ du mort sont maîtres ⇒ **7 + 2 = 9**.

LE CONSEIL PRATIQUE

Le coup à blanc est une des meilleures armes du déclarant. Pensez-y à chaque fois que vous aurez des problèmes de communication pour affranchir une couleur.

TEST N° 2

♠	7 6 5
♥	R 10 9 5
♦	A V 7 6
♣	A 8

N

O E

S

♠	A R D
♥	D 8 3
♦	8 4 3 2
♣	R D 9

VOUS JOUEZ 3 SA EN SUD

Ouest entame du Valet de ♠.

QUEL EST VOTRE PLAN DE JEU ?

1	Petit ♥ vers le 10/affranchissement des ♥	
2	Petit ♦ vers l'As, puis ♦ vers le mort	
3	Petit ♦ vers le Valet	

RÉPONSE

TEST n° 2
① = 20
② = 10
③ = 5

	Nord	
	♠ 7 6 5 ♥ R 10 9 5 ♦ A V 7 6 ♣ A 8	
♠ V 10 9 8 2 ♥ 7 4 2 ♦ 10 ♣ 10 6 5 4	N O E S	♠ 4 3 ♥ A V 6 ♦ R D 9 5 ♣ V 7 3 2
	♠ A R D ♥ D 8 3 ♦ 8 4 3 2 ♣ R D 9	

Commencez par compter vos levées maîtresses :
3 à ♠, 1 à ♦, et 3 à ♣.

Quelle couleur devez-vous affranchir ?

♦ est votre couleur la plus longue, vous possédez un total de 8 cartes entre vos deux mains. Attention : ne vous précicitez pas tout de suite sur les ♦.

Pourquoi ? Si les ♦ adverses sont mal répartis, et qu'Est possède 4 cartes à ♦, vous n'allez pas affranchir de levée.

Comment trouver les deux levées manquantes ?

Tout simplement en exploitant les ♥, l'autre couleur de votre camp, *moins longue* – 7 cartes – *mais plus forte en honneurs.*

Jouez à la deuxième levée un petit ♥ vers le 10. Est prend du Valet et rejoue ♠. Vous faites la levée et jouez la Dame de ♥ pour l'As d'Est. Votre plan vous a permis, grâce aux ♥, d'affranchir les deux levées qui vous manquaient.

LE CONSEIL PRATIQUE

Vérifiez, avant d'affranchir votre couleur longue, s'il n'existe pas une couleur plus sûre. L'affranchissement de la couleur la plus longue ne constitue pas une règle formelle.

TEST N° 3

♠ A 9
♥ 7 6 3
♦ D 6 2
♣ A V 10 9 7

N
O E
S

♠ R 7 3
♥ R V 9
♦ A R 7
♣ D 8 4 2

VOUS JOUEZ 3 SA EN SUD

Ouest entame du 5 de ♥, pour le 3 du mort et la Dame d'Est.

QUEL EST VOTRE PLAN DE JEU ?

1	Roi de ♥ et impasse à ♣	
2	Roi de ♥ et ♣ pour l'As	
3	9 de ♥	

RÉPONSE

TEST n° 3	
① =	5
② =	10
③ =	20

	♠ A 9 ♥ 7 6 3 ♦ D 6 2 ♣ A V 10 9 7	
♠ V 10 6 4 ♥ A 10 8 5 2 ♦ V 8 3 ♣ 5	N O E S	♠ D 8 5 2 ♥ D 4 ♦ 10 9 5 4 ♣ R 6 3
	♠ R 7 3 ♥ R V 9 ♦ A R 7 ♣ D 8 4 2	

Y a-t-il un risque que vous ne puissiez pas réaliser votre contrat ? Supposez que sans réfléchir vous preniez la Dame de ♥ avec le Roi et que vous jouiez un petit ♣ vers l'As – une sécurité contre le Roi sec en Est – et que vous rejouiez ♣, Est qui possède le Roi de ♣ aurait la possibilité de prendre la main et de rejouer ♥ à travers Valet-9. Ouest ferait 4 levées à ♥, soit une de chute.
Pouvez-vous empêcher la défense de faire 5 levées ?
La solution est devant vos yeux : **fournissez le 9 de ♥ à la première levée.** Grâce à ce laisser-passer, vous enlevez le ♥ d'Est tout en conservant un arrêt avec Roi-Valet. Est en main à la Dame de ♥ rejoue ♥ pour le Valet et l'As d'Ouest qui continue la couleur. Lorsqu'Est sera en main au Roi de ♣ il n'aura plus de ♥ et vous réaliserez 10 levées.

LE CONSEIL PRATIQUE

Si le laisser-passer avec l'As troisième vous est familier, il en existe d'autres (1). Trouvez-les en faisant votre plan de jeu. Il s'agira le plus souvent de contrats où la course de vitesse sera votre principal problème.

(1) Test 3 – Les Maniements de couleurs, Michel Lebel.

TEST N° 4

	♠ A 7 5
	♥ 8 7 2
	♦ A V 10 5
	♣ R V 2
	N O E S
	♠ R 9 8
	♥ R 4
	♦ R 6 4 3
	♣ A D 6 3

VOUS JOUEZ 3 SA EN SUD

Ouest entame du 3 de ♠ pour le 5 du mort et la Dame d'Est.

QUEL EST VOTRE PLAN DE JEU ?

1	Roi de ♠ et ♦ pour l'As et Valet de ♦	
2	Roi de ♠, Roi de ♦ et petit ♦	
3	Laisser passer la Dame de ♠	

RÉPONSE

TEST n° 1	
① =	20
② =	10
③ =	5

	Nord	
	♠ A 7 5 ♥ 8 7 2 ♦ A V 10 5 ♣ R V 2	
Ouest ♠ V 10 4 3 ♥ A D 5 3 ♦ 8 2 ♣ 9 7 4	N O E S	**Est** ♠ D 6 2 ♥ V 10 9 6 ♦ D 9 7 ♣ 10 8 5
	♠ R 9 8 ♥ R 4 ♦ R 6 4 3 ♣ A D 6 3	

Vous possédez une double tenue à ♠. Le réflexe habituel est de laisser passer. Mais avant de fournir le 8 de ♠ sur la Dame, vous devez vous poser la question suivante :

Y a-t-il une couleur plus dangereuse ?

Le danger est à ♥, avec le Roi de ♥ second dans le jeu de Sud qui peut être traversé si Est prend la main. Le danger du retour ♥ est le plus important. Prenez la Dame de ♠ avec le Roi.

Comptez vos levées : 2 à ♠, 2 à ♦ et 4 à ♣. La neuvième levée, vous la trouverez sans difficulté à ♦ à condition de maintenir le plan initial : *ne pas rendre la main à Est.*

La manœuvre est claire :

Vous jouez petit ♦ vers l'As et le Valet de ♦ que vous laissez passer si Est ne fournit pas la Dame. Si Ouest prend la main, vous ne craignez aucun retour.

Ce plan de jeu rapporte dix levées, sans le moindre risque.

LE CONSEIL PRATIQUE
Avant de laisser passer l'entame, le bon réflexe est de vérifier s'il n'existe pas une couleur plus dangereuse.

TEST N° 5

♠ A 9
♥ R D 9 8 5
♦ D V
♣ R 6 5 2

	N	
O		E
	S	

♠ 10 6 3 2
♥ V 10
♦ A 10 9 5
♣ A D 8

VOUS JOUEZ 3 SA EN SUD

Ouest entame du 5 de ♠.

QUEL EST VOTRE PLAN DE JEU ?

1	9 de ♠ puis affranchissement des ♥	
2	As de ♠ puis affranchissement des ♥	
3	As de ♠ et impasse à ♦	

RÉPONSE

TEST n° 5	
① =	5
② =	20
③ =	10

	♠ A 9 ♥ R D 9 8 5 ♦ D V ♣ R 6 3 2	
♠ D V 7 5 4 ♥ A 7 6 2 ♦ R 4 ♣ 7 3	N O E S	♠ R 8 ♥ 4 3 ♦ 8 7 6 3 2 ♣ V 10 9 4
	♠ 10 6 3 2 ♥ V 10 ♦ A 10 9 5 ♣ A D 8	

Sur cette donne le danger provient de l'entame à ♠ .

Voyons ensemble ce qui se passerait si vous fournissiez le 9 de ♠ du mort :

Ouest n'a certainement pas les trois honneurs à ♠, sinon il aurait entamé du Roi ; Est ferait la levée avec par exemple le Roi de ♠ et rejouerait ♠ pour l'As du mort. Si Ouest prenait la main avec l'As de ♥, la défense réaliserait cinq levées.

La règle générale est-elle fausse ?

Les règles générales ont leurs exceptions. S'il est souvent bien joué de laisser-passer l'entame, il existe des cas particuliers.

Le bon plan est maintenant clair :

Vous devez fournir l'As de ♠. Sur l'As de ♠, Est, qui possède le Roi second, est sans défense. S'il jette le Roi de ♠, **vous tenez la couleur avec le 10 quatrième de votre main et le 9 du mort** ; s'il fournit petit, la couleur sera bloquée après que vous ayez fait sauter l'As de ♥ dans le but d'affranchir votre couleur principale.

LE CONSEIL PRATIQUE
Ne laissez pas passer l'entame par routine. Vérifiez d'abord s'il n'y a pas mieux à faire, comme ici bloquer la couleur adverse.

RÉSULTATS TESTS 1 A 5

Faites le total des points que vous avez obtenu dans les 5 tests précédents.

VOTRE SCORE	
95 – 100	Excellent – Le test n° 5 était pourtant assez difficile
de 80 à 90	Un bon début de parcours – Continuez
de 65 à 75	Votre technique est convenable – Relisez les conseils pratiques
de 50 à 60	Assez bien – Réfléchissez davantage avant de choisir votre plan de jeu
– de 50	Lisez *Le jeu avec le mort* (JAÏS-LEBEL)*

* Éditions du Rocher

TESTS 6 A 10

PLANS DE JEU A SANS-ATOUT

★★

TEST N° 6

♠ A 10 9
♥ A 7 2
♦ R 5 2
♣ A R 9 8

	N	
O		E
	S	

♠ V 6
♥ D V 5
♦ D V 10 7 6
♣ 10 4 2

VOUS JOUEZ 3 SA EN SUD

Ouest entame du 3 de ♥.

QUEL EST VOTRE PLAN DE JEU ?

1	Petit ♥, puis affranchissement des ♦	
2	Petit ♥, puis double impasse à ♣	
3	As de ♥ et affranchissement des ♦	

RÉPONSE

TEST n° 6	
① =	10
② =	5
③ =	20

	♠ A 10 9 ♥ A 7 2 ♦ R 5 2 ♣ A R 9 8	
♠ 7 5 3 2 ♥ R 9 8 3 ♦ A 9 3 ♣ 8 3	N O E S	♠ R D 8 4 ♥ 10 4 3 ♦ 8 4 ♣ D V 7 5
	♠ V 6 ♥ D V 5 ♦ D V 10 7 6 ♣ 10 4 2	

Commencez par compter vos levées maîtresses : 1 à ♠, 2 à ♥, et 2 à ♣.

Quelle est la couleur que vous devez espérer affranchir ? Bien entendu, les ♦. Avec le Roi troisième au mort et Dame-Valet-10 cinquièmes en main vous pouvez facilement affranchir quatre levées, mais encore faudra-t-il pouvoir les encaisser.

Comment conserver la communication qui vous permettra de faire vos ♦ ?

Si vous jouez un petit ♥ du mort à la première levée, Est fournira le 10 et vous prendrez avec la Dame ou le Valet. Vous n'aurez ainsi plus de rentrée en main. **Plongez de l'As de ♥** à la première levée, jouez le Roi de ♦ et continuez ♦ jusqu'à ce que l'adversaire prenne de l'As. Avec Dame-Valet de ♥ en main vous possédez maintenant une rentrée sûre qui vous permettra d'encaisser vos ♦ maîtres.

LE CONSEIL PRATIQUE

Après avoir choisi la bonne couleur à affranchir votre plan de jeu doit vous permettre de conserver une rentrée sûre pour encaisser votre couleur.

TEST N° 7

♠ 10 8
♥ 10 7 4
♦ D 7 5
♣ A D 7 6 2

N
O E
S

♠ A R 7 2
♥ V 9 8 5
♦ A 10 8
♣ R V

VOUS JOUEZ 3 SA EN SUD

Ouest entame du 6 de ♦ pour le 5 du mort et le 4 d'Est.

QUEL EST VOTRE PLAN DE JEU ?

1	As de ♦, Roi et Valet de ♣ et ♦ vers la Dame	
2	8 de ♦ et affranchissement des ♥	
3	8 de ♦, Roi et Valet de ♣ surpris de la Dame	

RÉPONSE

TEST n° 7
① = 20
② = 5
③ = 10

	Nord	
	♠ 10 8 ♥ 10 7 4 ♦ D 7 5 ♣ A D 7 6 2	
Ouest ♠ V 3 ♥ A 6 3 2 ♦ R V 9 6 2 ♣ 10 8 4 3	N O E S	**Est** ♠ D 9 6 5 4 ♥ R D ♦ 4 3 ♣ 9 5
	♠ A R 7 2 ♥ V 9 8 5 ♦ A 10 8 ♣ R V	

Un rapide compte vous montre qu'avec 5 levées à ♣, 2 levées à ♦ et 2 levées à ♥ vous arrivez à un total de 9 levées.

Comment manier les ♣ ?

Si après avoir fait la première levée avec le 8 de ♦ vous jouez Roi de ♣ et Valet de ♣ surpris de la Dame, vous misez tout sur le partage 3-3 des ♣, c'est-à-dire un peu plus d'une chance sur trois. Il est donc préférable d'améliorer votre plan de jeu.

Pour faire facilement 5 levées à ♣, il faudrait pouvoir jouer le Roi et le Valet de ♣ et aller au mort pour encaisser les trois autres ♣.

Comment trouver cette rentrée au mort ?

Refusez la levée du 8 de ♦, et prenez de l'As. Dégagez Roi et Valet de ♣ et avancez un petit ♦ vers la Dame. La Dame de ♦ était la rentrée qu'il était indispensable de conserver.

LE CONSEIL PRATIQUE

Comme dans le test précédent, vous avez pu constater que c'était à la première levée qu'il fallait prendre la bonne décision. N'ayez pas peur de prendre votre temps pour trouver le bon plan de jeu.

TEST N° 8

♠ 6 2
♥ A V 9 8
♦ A 6 4
♣ D V 8 5

	N	
O		E
	S	

♠ A R 7
♥ D 10 3
♦ R 7 5 3
♣ R 6 2

VOUS JOUEZ 3 SA EN SUD

Ouest entame de la Dame de ♠.

QUEL EST VOTRE PLAN DE JEU ?

1	7 de ♠, retour à ♠ puis impasse à ♥	
2	7 de ♠, retour à ♠ puis petit ♣	
3	Roi de ♠, puis affranchissement des ♦	

RÉPONSE

TEST n° 8	
① =	10
② =	20
③ =	5

	Nord	
	♠ 6 2 ♥ A V 9 8 ♦ A 6 4 ♣ D V 8 5	
Ouest ♠ D V 9 8 7 ♥ 6 5 4 ♦ D 9 ♣ A 7 2	N O E S	**Est** ♠ 10 5 3 ♥ R 7 2 ♦ V 10 8 2 ♣ 10 9 4
	♠ A R 7 ♥ D 10 3 ♦ R 7 5 3 ♣ R 6 3	

Votre seul danger se trouve à ♠, vous laissez donc passer l'entame.

Pouvez-vous chuter votre contrat ?

Oui, si l'adversaire parvient à réaliser 3 levées à ♠, l'As de ♣ et que le Roi de ♥ soit en Est.

Comment gagner avec les ♠ 5-3 et le Roi de ♥ mal placé ?

Pour gagner la course de vitesse, vous devez commencer par détruire la reprise d'Ouest, l'adversaire dangereux.

Quelle est la reprise possible d'Ouest ? Il n'y en a qu'une, c'est l'As de ♣.

Le bon plan est maintenant évident : après la levée du Roi de ♠, jouez un petit ♣ vers le mort, continuez par un petit ♣ pour le Roi. Ouest prend de l'As et continue ♠. C'est maintenant que vous tentez l'impasse au Roi de ♥. Elle échoue, mais au moment où Est prend la main il n'a plus de ♠. Vous avez remporté la course de vitesse, et 10 levées récompenseront ce bon minutage.

LE CONSEIL PRATIQUE

Lorsque vous craignez la couleur d'entame, et que le laisser-passer n'est pas suffisant, détruisez EN PRIORITÉ la reprise de l'adversaire dangereux.

TEST N° 9

♠ D 7
♥ A V 6
♦ A V 10 8
♣ A R V 10

	N	
O		E
	S	

♠ R 8
♥ D 10 9 3
♦ R D 9 4
♣ 7 5 4

VOUS JOUEZ 3 SA EN SUD

Ouest entame du 5 de ♠ pour le 7 (ou la Dame du mort) et l'As d'Est qui rejoue ♠.

QUEL EST VOTRE PLAN DE JEU ?

1	Roi de ♠ et impasse à ♥	
2	Roi de ♠ et impasse à ♣	
3	Roi de ♠ et As-Roi de ♣ en tête puis impasse à ♥	

RÉPONSE

TEST n° 9	
① =	10
② =	5
③ =	20

	♠ D 7 ♥ A V 6 ♦ A V 10 8 ♣ A R V 10		
♠ V 10 6 5 2 ♥ 8 4 2 ♦ 7 ♣ 9 8 3 2	N O E S		♠ A 9 4 3 ♥ R 7 5 ♦ 6 5 3 2 ♣ D 6
	♠ R 8 ♥ D 10 9 3 ♦ R D 9 4 ♣ 7 5 4		

Le partage le plus favorable des ♠ adverses est le partage 5-4, c'est-à-dire que si l'adversaire reprenait la main il ferait encore un minimum de trois levées à ♠.

Regardons ensemble les trois plans proposés :

1 Si l'impasse au Roi de ♥ échoue, le contrat est chuté.

2 Si l'impasse à la Dame de ♣ échoue, le contrat est également chuté.

3 Si vous commencez par tirer As-Roi de ♣ et que la Dame ne tombe pas, le contrat n'est pas encore chuté, il vous reste encore la ressource de l'impasse au Roi de ♥ (une chance sur deux).

De toute évidence, la troisième ligne de jeu est la meilleure. En retardant volontairement l'impasse au Roi de ♥, vous avez cumulé deux chances différentes et augmenté la probabilité de gagner votre contrat. Sur la donne, la Dame de ♣ était seconde en Est, et le meilleur plan de jeu rapporte 10 levées.

LE CONSEIL PRATIQUE

Pour augmenter vos chances, commencez par une manœuvre qui n'est pas une impasse, c'est-à-dire RETARDEZ LES IMPASSES.

TEST N° 10

♠ R 6 2
♥ D 5
♦ A D V 8 3
♣ R 6 2

	N	
O		E
	S	

♠ A D 7 4
♥ V 3 2
♦ 10 9 2
♣ A D 7

VOUS JOUEZ 3 SA EN SUD

Ouest entame du 7 de ♥. Le Valet de ♥ fait la première levée.

QUEL EST VOTRE PLAN DE JEU ?

1	Impasse au Roi de ♦	
2	Trois tours de ♠ puis impasse au Roi de ♦	
3	Petit ♦ pour l'As puis trois tours de ♠	

RÉPONSE

TEST n° 10	
① =	10
② =	20
③ =	5

	Nord	
	♠ R 6 2 ♥ D 5 ♦ A D V 8 3 ♣ R 6 2	
Ouest ♠ 10 9 3 ♥ A R 9 7 4 ♦ 6 4 ♣ V 8 5	N O E S	**Est** ♠ V 8 5 ♥ 10 8 6 ♦ R 7 5 ♣ 10 9 4 3
	♠ A D 7 4 ♥ V 3 2 ♦ 10 9 2 ♣ A D 7	

Quelles sont les indications fournies par la première levée ?

Ouest a entamé le 7 de ♥ sous As-Roi, il possède très vraisemblablement cinq cartes à ♥. Comme dans le test précédent, vous constatez qu'il faut éviter de rendre la main à l'adversaire.

Faites un rapide compte des levées : 3 à ♠, 1 à ♥, 1 à ♦ et 3 à ♣, soit un total de 8 levées. Pour réussir votre contrat de 3 SA, vous n'avez besoin que d'une seule levée supplémentaire.

Si l'impasse au Roi de ♦ réussit, vous vous trouvez à la tête de 4 levées supplémentaires, mais si elle échoue, *les levées affranchies n'auront pas le temps de vous servir.*

Quelle manœuvre devez-vous tenter avant l'impasse au Roi de ♦ ?

Il s'agit d'une manœuvre extrêmement simple : encaisser As-Roi-Dame de ♠ **afin de vérifier le partage de la couleur**. Si les ♠ sont 3-3 (ce qui est le cas ici) *vous n'avez plus besoin de l'impasse au Roi de ♦*.

LE CONSEIL PRATIQUE

C'est en pensant à augmenter vos chances grâce à des manœuvres toutes simples réalisées au bon moment que vous deviendrez très fort au jeu de la carte.

RÉSULTATS
TESTS 6 A 10

Faites le total des points que vous avez obtenu dans les 5 tests précédents.

VOTRE SCORE	
95 – 100	Très bien – Vous aimez les contrats à SA
de 80 à 90	Bien – Cette série de tests était d'un bon niveau
de 65 à 75	Assez bien – N'oubliez pas de cumuler vos chances
de 50 à 60	Moyen – Concentrez-vous davantage
– de 50	Médiocre – Recommencez les tests 6 à 10

* Éditions du Rocher

TESTS 11 A 15

PLANS DE JEU
A SANS-ATOUT

★ ★ ★

TEST N° 11

♠ D 5
♥ A R 9 7 4
♦ R 10 5
♣ A V 10

	N	
O		E
	S	

♠ A 3
♥ 8 3
♦ V 4 2
♣ R 9 6 5 3 2

VOUS JOUEZ 3 SA EN SUD

Ouest entame du Valet de ♠ pour la Dame du mort et le Roi d'Est.

QUEL EST VOTRE PLAN DE JEU ?

1	As de ♠ et As-Roi de ♣ en tête	
2	As de ♠, ♣ pour l'As et Valet de ♣	
3	As de ♠ puis petit ♣ pour le 10	

RÉPONSE

TEST n° 11
① = 10
② = 10
③ = 20

	Nord	
	♠ D 5 ♥ A R 9 7 4 ♦ R 10 5 ♣ A V 10	
♠ V 10 9 7 3 ♥ D 6 5 ♦ A 9 3 ♣ D 7	N O E S	♠ R 8 6 4 ♥ V 10 2 ♦ D 8 7 6 ♣ 8 4
	♠ A 3 ♥ 8 3 ♦ V 4 2 ♣ R 9 6 5 3 2	

Après l'entame du Valet de ♠ pour la Dame du mort et le Roi d'Est que vous avez laissé passer, Est continue ♠.

Vous avez besoin de toutes les levées à ♣. **Le maniement classique avec 9 cartes par As-Roi est de tirer As-Roi en tête.** Si vous adoptez cette ligne de jeu, vous allez vous retrouver bloqué au mort. En effet les honneurs à ♣ de Nord vous empêchent de communiquer avec votre main.

Comment empêcher ce blocage ?

Dans les cas difficiles, oubliez les règles générales et jouez immédiatement un petit vers le Valet du mort, c'est-à-dire tentez l'impasse à la Dame de ♣.

L'impasse réussie, encaissez l'As de ♣ et surprenez le 10 de ♣ avec le Roi. Grâce à ce déblocage par l'impasse vous avez réussi à encaisser vos six levées dans la couleur.

LE CONSEIL PRATIQUE

Vérifiez avant d'appliquer une règle générale sur les maniements de couleurs que les conditions sont réunies pour qu'elle soit efficace. Sinon trouvez la manœuvre qui vous permette de réaliser vos levées.

TEST N° 12

	♠ 8 7 2
	♥ R 8 7 4
	♦ R 10 9 7
	♣ 6 2
	N
	O E
	S
	♠ A D 6
	♥ A 5 3
	♦ A D V 5
	♣ A D 7

VOUS JOUEZ 3 SA EN SUD

Ouest entame du 2 de ♥.

QUEL EST VOTRE PLAN DE JEU ?

1	As de ♥, petit ♦ vers le mort et impasse à ♠	
2	As de ♥ et ♥ en espérant les ♥ 3-3	
3	As de ♥, élimination des ♦ d'Ouest suivi de Roi de ♥ et ♥	

RÉPONSE

TEST n° 12	
① =	10
② =	5
③ =	20

	♠ 8 7 2 ♥ R 8 7 4 ♦ R 10 9 7 ♣ 6 2	
♠ R 5 4 ♥ D 10 6 2 ♦ 8 3 ♣ R 10 5 3	N O E S	♠ V 10 9 3 ♥ V 9 ♦ 6 4 2 ♣ V 9 8 4
	♠ A D 6 ♥ A 5 3 ♦ A D V 5 ♣ A D 7	

Après l'entame, quelles sont vos chances de gagner ce contrat ?

Votre contrat est sur table. Néanmoins, avant de faire vos neuf levées, une petite précaution supplémentaire s'impose.

Laquelle ? À ce stade vous devez avoir trouvé la solution.

Ouest possède quatre cartes à ♥. Il vous sera donc facile, possédant huit levées maîtresses, de le mettre en main après avoir pris la précaution de lui enlever ses cartes de sortie à ♦.

Voici le bon plan.

Vous faites la levée avec l'As de ♥, vous continuez par trois tours de ♦, Ouest défaussant à ♣ sur le troisième tour de ♦. Maintenant vous jouez Roi de ♥ et ♥, ***Ouest est mis en main.*** Il encaisse son ♥ maître sur lequel vous défaussez au choix le 6 de ♠ ou le 7 de ♣. Ouest doit maintenant jouer ♠ ou ♣ dans l'une de vos fourchettes As-Dame, vous permettant de réaliser vos 9 levées.

LE CONSEIL PRATIQUE

Lorsque vous avez le choix entre plusieurs impasses, regardez si vous n'avez pas la possibilité de mettre en main l'adversaire qui vous livrera une impasse gratuite.

TEST N° 13

	♠ R 9
	♥ 8 7 2
	♦ A V 8 5 2
	♣ A V 10
	N
O	E
	S
	♠ A D 3 2
	♥ R V 10
	♦ R 7 4
	♣ D 7 3

VOUS JOUEZ 3 SA EN SUD

Ouest entame du 5 de ♥ pour le 2 du mort et le 6 d'Est.

QUEL EST VOTRE PLAN DE JEU ?

1	Roi de ♦ et ♦ pour le Valet	
2	As-Roi de ♦ en tête	
3	Petit ♦ vers le mort	

RÉPONSE

TEST n° 13	
① =	5
② =	10
③ =	20

	♠ R 9 ♥ 8 7 2 ♦ A V 8 5 2 ♣ A V 10	
♠ 10 8 4 ♥ A D 9 5 3 ♦ D ♣ 9 8 5 4	N O E S	♠ V 7 6 5 ♥ 6 4 ♦ 10 9 6 3 ♣ R 6 2
	♠ A D 3 2 ♥ R V 10 ♦ R 7 4 ♣ D 7 3	

Ouest possède très certainement cinq cartes à ♥ par As-Dame.

Il est logique de ne pas tenter l'impasse au Roi de ♣.

Vous devez donc rechercher un maniement des ♦ qui empêche Est de prendre la main.

Le maniement classique dans ce genre de situation consiste à tirer As-Roi de ♦ en espérant capturer une Dame seconde en Est. Si elle est troisième en Ouest, le contrat est gagné. *Existe-t-il un moyen de l'améliorer ?*

Oui, vous pouvez mettre une petite chance supplémentaire de votre côté en jouant à la deuxième levée un petit ♦ de Sud et non le Roi. Si la Dame apparaît en Ouest, laissez la levée à votre adversaire de gauche, il n'est pas dangereux.

Grâce à ce "coup à blanc", vous avez amélioré un bon plan de jeu et remporté la course à l'affranchissement.

LE CONSEIL PRATIQUE

En progressant vous trouverez rapidement à la table un bon plan de jeu. Prenez quelques secondes supplémentaires pour voir s'il n'existe pas un moyen de l'améliorer.

TEST N° 14

♠ A D 5
♥ 6 3
♦ A D 8 6 2
♣ V 9 5
N
O E
S
♠ 8 7 2
♥ A D 8
♦ V 10 9 7 5
♣ A D

VOUS JOUEZ 3 SA EN SUD

Ouest entame du 5 de ♥ pour le 3 de mort et le Roi d'Est.

QUEL EST VOTRE PLAN DE JEU ?

1	♥ laissé-passé, puis impasse à ♦	
2	♥ laissé-passé, puis Dame de ♣	
3	♥ laissé-passé, puis impasse à ♠	

RÉPONSE

TEST n° 14
① = 10
② = 20
③ = 5

	♠ A D 5 ♥ 6 3 ♦ A D 8 6 2 ♣ V 9 5	
♠ 10 9 3 ♥ V 9 7 5 2 ♦ 4 ♣ R 10 6 3	N O E S	♠ R V 6 4 ♥ R 10 4 ♦ R 3 ♣ 8 7 4 2
	♠ 8 7 2 ♥ A D 8 ♦ V 10 9 7 5 ♣ A D	

La main est en Est, vous ne craignez aucun retour. Vous laissez donc passer le Roi de ♥, Est rejoue ♥, Ouest fournissant le 2.

Quelles sont les reprises possibles d'Ouest ?

Ouest ne peut reprendre la main que dans une seule couleur : ♣.

Appliquez la règle générale : détruisez en priorité la reprise de l'adversaire dangereux.

Le bon plan se précise :

Vous devez jouer ♣ à la troisième levée. Une petite difficulté subsiste : **quelle carte à ♣** ? La bonne carte est **la Dame de ♣**. Si Ouest possède le Roi de ♣ il est sans défense. S'il le fournit, son meilleur retour est le 10 de ♠, vous plongez de l'As et rentrez en main par l'As de ♣. Il ne vous restera plus qu'à tenter l'impasse au Roi de ♦. Est est en main, et quelque soit son retour, vous réaliserez 1 levée à ♠, 2 levées à ♥, 4 levées à ♦ et 2 levées à ♣. Soit un total de 9 levées.

LE CONSEIL PRATIQUE

L'application de la règle (voir TEST n° 8) qui consiste à détruire en priorité la reprise de l'adversaire dangereux peut vous faire découvrir des plans de jeu qui auparavant vous auraient paru introuvables.

TEST N° 15

	♠ A 8 2
	♥ A D V 9
	♦ A D 9 6
	♣ D V
O	N / E
	S
	♠ R 6 3
	♥ R 7 5
	♦ R 10 8 2
	♣ A R 7

VOUS JOUEZ 7 SA EN SUD

Ouest entame du 10 de ♣. Ouest défaussera sur le 3e tour de ♣.

QUEL EST VOTRE PLAN DE JEU ?

1	As et Dame de ♦ et ♦ vers le 10	
2	Trois tours de ♥ et trois tours de ♣ pour compter les mains	
3	Squeeze ♠ - ♦	

RÉPONSE

TEST n° 15
① = 10
② = 20
③ = 5

	Nord	
	♠ A 8 2 ♥ A D V 9 ♦ A D 9 6 ♣ D V	
♠ D 9 5 4 ♥ 8 4 3 ♦ V 7 5 4 ♣ 10 9	N O E S	♠ V 10 5 ♥ 10 6 2 ♦ 3 ♣ 8 6 5 4 3 2
	♠ R 6 3 ♥ R 7 5 ♦ R 10 8 2 ♣ A R 7	

Quel est le total de vos levées maîtresses ? Douze.

De quelle façon allez-vous trouver la treizième levée ?

La meilleure solution consiste à réaliser quatre levées à ♦.

Comment partir à coup sûr du bon côté ?

Les contrats à sans-atout présentent un avantage important dans ce genre de situation par rapport aux contrats à l'atout : vous pouvez encaisser vos levées maîtresses dans les autres couleurs, avant de jouer votre couleur longue.

Vous jouez trois tours de ♥. Ils sont 3-3. Vous continuez par trois tours de ♣, Ouest défausse un ♠ sur le troisième ♣. Est possède donc 6 cartes à ♣ et 3 cartes à ♥. Puis encaissez As-Roi de ♠. Est fournit deux fois. Vous connaissez maintenant 11 cartes du jeu d'Est. Est a au maximum deux cartes à ♦. Le Valet ne peut être quatrième qu'en Ouest. Vous jouez ♦ vers l'As, puis un petit ♦ du mort. Est défausse un petit ♣, vous prenez du Roi et faites l'impasse au Valet de ♦.

LE CONSEIL PRATIQUE

Dans un grand ou un petit chelem à sans atout, pensez à compter les cartes de vos adversaires dans les autres couleurs avant de manier la couleur principale.

RÉSULTATS
TESTS 11 A 15

Faites le total des points que vous avez obtenu dans les 5 tests précédents.

VOTRE SCORE	
95 – 100	Bravo – Vous maîtrisez la technique à SA
de 80 à 90	Très bien – Le parcours était difficile
de 65 à 75	Bon résultat – Vous êtes sur la bonne voie
de 50 à 60	Convenable – Ne jouez pas aussi vite
– de 50	Moyen – Relisez les conseils pratiques

TESTS 16 A 20

PLANS DE JEU A L'ATOUT

★

TEST N° 16

♠	9 7 5
♥	8 6 2
♦	A V 10
♣	A D V 10

N
O E
S

♠	D 8 6
♥	A R D V 7
♦	9 4
♣	5 3 2

VOUS JOUEZ 4 ♥ EN SUD

Ouest entame du Roi de ♦.

QUEL EST VOTRE PLAN DE JEU ?

1	As de ♦ atout pour le Valet et impasse à ♣	
2	As de ♦, 3 tours d'atout et impasse à ♣	
3	As de ♦ et Valet de ♦	

RÉPONSE

TEST n° 16
① = 20
② = 10
③ = 5

	♠ 9 7 5 ♥ 8 6 2 ♦ A V 10 ♣ A D V 10	
♠ R 4 2 ♥ 9 3 ♦ R D 8 2 ♣ R 9 6 4	N O E S	♠ A V 10 3 ♥ 10 5 4 ♦ 7 6 5 3 ♣ 8 7
	♠ D 8 6 ♥ A R D V 7 ♦ 9 4 ♣ 5 3 2	

Si vous laissez passer le Roi de ♦, Ouest trouvera la contre-attaque à ♠ et encaissera trois levées dans cette couleur.

Comment réaliser un total de 10 levées ?

Si le Roi de ♣ est placé en Ouest vous pouvez espérer faire 5 levées à ♥, 4 levées à ♣ et l'As de ♦ soit 10 levées.

Mais un problème subsiste, lequel ?

Pour faire et répéter l'impasse au Roi de ♣ vous devez absolument reprendre la main en Sud. Pour cela vous n'avez qu'une seule communication possible : l'atout.

Il n'y a donc pas d'urgence à enlever les atouts.

C'est **grâce aux atouts** que vous pourrez « **circuler** » entre les deux mains. Rentrez en main à la deuxième levée par l'As de ♥ et jouez un petit ♣ vers le 10. L'impasse réussit, rejouez un petit ♥ pour votre Roi et recommencez l'impasse. Pour terminer enlevez le dernier atout et faites une dernière fois l'impasse.

LE CONSEIL PRATIQUE

Avant d'enlever les atouts adverses, vérifiez que vous n'avez pas besoin de vos atouts maîtres pour communiquer entre votre jeu et celui du mort, pour tenter une impassse.

TEST N° 17

♠ R 7
♥ D 9 6 2
♦ D 10 3 2
♣ A 7 5

	N	
O		E
	S	

♠ A 9 3
♥ R V 10 8 5
♦ V 7
♣ R 8 2

VOUS JOUEZ 4 ♥ EN SUD

Ouest entame de la Dame de ♠.

QUEL EST VOTRE PLAN DE JEU ?

1	Roi de ♠ et atout	
2	Roi de ♠ et petit ♦	
3	Roi de ♠, ♠ pour l'As, ♠ coupé et ♥	

RÉPONSE

TEST n° 17	
① =	10
② =	20
③ =	10

	♠ R 7 ♥ D 9 6 2 ♦ D 10 3 2 ♣ A 7 5	
♠ D V 10 2 ♥ A 3 ♦ 9 8 6 5 ♣ V 10 3	N O E S	♠ 8 6 5 4 ♥ 7 4 ♦ A R 4 ♣ D 9 6 4
	♠ A 9 3 ♥ R V 10 8 5 ♦ V 7 ♣ R 8 2	

Prenez la levée du Roi de ♠. Si vous commencez par jouer atout il sera toujours temps de couper un ♠.

Y a-t-il donc urgence à jouer atout ?

Si vous commencez par jouer un petit ♥ un de vos adversaires prendra la main et trouvera la contre-attaque à ♣. Vous risquez ainsi de perdre l'As de ♥, 2 levées à ♦ et une levée à ♣.

Comment éviter de perdre une levée à ♣ ? Tout simplement en affranchissant une levée à ♦ avant de jouer atout.

***Le plan se dégage* :** à la deuxième levée vous jouez un petit ♦ vers le Valet, Est prend du Roi et rejoue ♣. Vous plongez du Roi et rejouez le Valet de ♦. Est fait la levée et continue ♣.

Vous venez d'affranchir 2 levées à ♦. Après l'As de ♣ vous encaissez la Dame de ♦ sur laquelle vous défaussez votre perdante à ♣ et c'est à ce stade du coup que vous devez jouer atout. La défense ne réalisera que 3 levées.

LE CONSEIL PRATIQUE

Quand vous ne craignez pas une coupe adverse et que vous n'avez pas de coupe urgente, vérifiez avant de jouer atout que vous n'avez pas besoin d'affranchir d'abord une levée.

TEST N° 18

♠ A V 10
♥ 8 7
♦ D 10 3
♣ A D V 9 5

	N	
O		E
	S	

♠ 8 6 4
♥ A R 10 9 6 2
♦ 9 4
♣ R 6

VOUS JOUEZ 4 ♥ EN SUD

Ouest entame du 2 de ♠.

QUEL EST VOTRE PLAN DE JEU ?

1	10 de ♠ du mort	
2	As de ♠, suivi d'un petit ♥ pour le 10	
3	As de ♠, As-Roi de ♥ et les ♣ maîtres	

RÉPONSE

TEST n° 18
① = 10
② = 10
③ = 20

	Nord	
	♠ A V 10 ♥ 8 7 ♦ D 10 3 ♣ A D V 9 5	
Ouest ♠ 9 5 2 ♥ D 5 3 ♦ R V 7 5 ♣ 8 4 2	N O E S	**Est** ♠ R D 7 3 ♥ V 4 ♦ A 8 6 2 ♣ 10 4 3
	♠ 8 6 4 ♥ A R 10 9 6 2 ♦ 9 4 ♣ R 6	

Que risque-t-il de se passer si vous fournissez le 10 de ♠ ?

Est fera la levée avec un honneur à ♠ et n'aura aucun mal à la vue du mort de trouver la contre-attaque à ♦, vos adversaires réalisant ainsi les trois premières levées.

Existe-t-il un autre plan ?

Vous vous êtes probablement déjà rendu compte qu'il ne fallait pas perdre la première levée à ♠. Vous devez donc plonger de l'As de ♠.

La suite du plan est simple : encaissez As-Roi de ♥, puis jouez Roi de ♣ et ♣ pour la Dame, et ensuite encaissez l'As de ♣. Si les ♣ adverses sont 3-3 vous avez gagné, **sinon il vous reste la chance supplémentaire de trouver 4 cartes à ♣ dans la main longue à ♥**. Les ♣ étaient 3-3, vous réalisez dix levées sans difficulté en continuant par un quatrième tour de ♣.

LE CONSEIL PRATIQUE

Ne laissez pas vos adversaires prendre la main lorsque vous avez plusieurs perdantes immédiates. Essayez d'abord de vous débarrasser de vos perdantes sur une couleur maîtresse et si possible après avoir enlevé un maximum d'atouts adverses.

TEST N° 19

♠	8 2
♥	R 10 7 5
♦	A R 5
♣	V 9 6 2

N
O E
S

♠	A 7 5 3
♥	A 4 3 2
♦	D 7 2
♣	A 4

VOUS JOUEZ 4 ♥ EN SUD

Ouest entame de la Dame de ♠. Les atouts adverses sont répartis 3-2.

QUEL EST VOTRE PLAN DE JEU ?

1	3 de ♠, As de ♠, As-Roi de ♥ et ♠ coupé	
2	As de ♠ et petit ♠	
3	3 de ♠, As de ♠ et ♠ coupé	

RÉPONSE

TEST n° 19	
① =	20
② =	10
③ =	10

	Nord	
	♠ 8 2 ♥ R 10 7 5 ♦ A R 5 ♣ V 9 6 2	
♠ D V 10 6 4 ♥ D 9 6 ♦ V 6 4 ♣ D 7	N O E S	♠ R 9 ♥ V 8 ♦ 10 9 8 3 ♣ R 10 8 5 3
	♠ A 7 5 3 ♥ A 4 3 2 ♦ D 7 2 ♣ A 4	

Commencez par compter vos perdantes certaines :

1 à ♠, 1 à ♥ et 1 à ♦, soit un total de 3 perdantes si les atouts adverses sont bien répartis.

Il s'agit alors maintenant de trouver un plan qui permettra de faire dix levées.

Si vous prenez de l'As de ♠ et encaissez l'As et le Roi de ♥, l'adversaire en main à ♠ donnera un troisième tour d'atout.

Voici le bon plan.

Laissez passer l'entame à ♠ et prenez la deuxième levée avec l'As.

Maintenant vous donnez deux tours d'atout avant de couper un petit ♠ du mort. Vous rentrez en main ensuite par l'As de ♣ et coupez votre quatrième ♠. En plus de votre perdante à ♣, vos adversaires feront leur levée d'atout quand ils le voudront. Entre temps vous aurez fait un total de 10 levées : l'As de ♠ et 2 coupes du mort, 3 levées d'atout de votre main + 3 levées à ♦ et l'As de ♣.

LE CONSEIL PRATIQUE

Soyez vigilant lorsque vous jouez avec les atouts répartis 4-4. Établissez votre plan de coupe avant de jouer atout.

TEST N° 20

♠ R D 10 7
♥ D 7 3
♦ D 9
♣ A 9 6 2

N
O E
S

♠ A V 9 8
♥ 8 2
♦ R V 6 2
♣ R 7 3

VOUS JOUEZ 4 ♠ EN SUD

Ouest entame du Valet de ♥. Les atouts adverses sont répartis 3-2.

QUEL EST VOTRE PLAN DE JEU ?

1	Petit ♦ vers la Dame	
2	Petit ♦ vers le 9	
3	Atout et squeeze ♦-♣	

RÉPONSE

TEST n° 20
① = 10
② = 20
③ = 5

	♠ R D 10 7 ♥ D 7 3 ♦ D 9 ♣ A 9 6 2	
♠ 6 4 3 ♥ V 10 9 4 ♦ 10 7 4 ♣ D 5 4	N O E S	♠ 5 2 ♥ A R 6 5 ♦ A 8 5 3 ♣ V 10 8
	♠ A V 9 8 ♥ 8 2 ♦ R V 6 2 ♣ R 7 3	

Le Valet de ♥ fait la première levée. Ouest continue ♥ pour le Roi d'Est, qui encaisse l'As de ♥ que vous coupez.

Comptez vos perdantes : en dehors de deux levées à ♥ vous allez perdre l'As de ♦ et très probablement une levée à ♣, c'est-à-dire un total de 4 perdantes.

Comment réduire ce total à 3 ? Pour diminuer le nombre total de vos perdantes, ne pouvant escamoter la levée de l'As de ♦, il ne vous reste que la possibilité d'essayer de ne pas perdre de ♣.

Vous devez avoir trouvé le bon plan :

Jouez à la quatrième levée un petit ♦ pour le 9. Le bridge est un jeu d'impasses et l'impasse au 10 de ♦ est, comme les autres impasses, à une chance sur deux. L'impasse réussit. Est prend de l'As et rejoue ♣. Vous encaissez la Dame de ♦, enlevez les atouts adverses. Pour terminer, vous revenez en main au Roi de ♣ et défaussez les deux ♣ perdants sur le Roi et le Valet de ♦.

LE CONSEIL PRATIQUE

Lorsque vous avez une perdante en trop, essayez de trouver une manœuvre gagnante, quitte à tenter une impasse, comme ici au 10, afin de pouvoir défausser une perdante sur une couleur affranchie.

RÉSULTATS
TESTS 16 A 20

Faites le total des points que vous avez obtenu dans les 5 tests précédents.

VOTRE SCORE	
95 – 100	Un très bon résultat – Continuez
de 80 à 90	Un bon parcours – Vous pouvez faire un meilleur score
65 à 75	Pas mal – Soyez plus efficace
de 50 à 60	Moyen – Vous ne savez pas encore profiter des avantages de l'atout
– de 50	Mauvais – Vous avez des difficultés dans les contrats à l'atout

TESTS 21 A 25

PLANS DE JEU A L'ATOUT

★ ★

TEST N° 21

Nord	♠ A 5 ♥ A 10 8 6 ♦ R 6 2 ♣ D 10 9 8
	N O E S
Sud	♠ V 7 3 ♥ R V 9 5 2 ♦ 8 7 ♣ A R V

VOUS JOUEZ 4 ♥ EN SUD

Ouest entame du 10 de ♠.

QUEL EST VOTRE PLAN DE JEU ?

1	As de ♠, suivi d'As et Roi de ♥	
2	As de ♠, et impasse à ♥ contre Ouest	
3	Petit ♠ et impasse à ♥ contre Ouest	

RÉPONSE

TEST n° 21	
① =	10
② =	15
③ =	20

	♠ A 5 ♥ A 10 8 6 ♦ R 6 2 ♣ D 10 9 8	
♠ D 10 9 8 ♥ D 7 3 ♦ D 9 5 4 ♣ 4 2	N O E S	♠ R 6 4 2 ♥ 4 ♦ A V 10 3 ♣ 7 6 5 3
	♠ V 7 3 ♥ R V 9 5 2 ♦ 8 7 ♣ A R V	

Que faut-il faire lorsque le contrat paraît facile à jouer ?

Redoublez d'attention, et vérifiez qu'il n'y a pas de position de carte qui vous fasse chuter. *Avez-vous trouvé une telle position ?*

Si tout va mal, vous risquez de perdre un ♠, une levée d'atout et 2 levées à ♦ si l'As est en Est.

Comment gagner malgré cette position défavorable ?

Vous pourrez, après avoir enlevé les atouts, défausser un ♦ sur le quatrième ♣ du mort. Pour cela, il faut éviter qu'Ouest ne prenne la main pour « traverser » le Roi de ♦. *Comment empêcher Ouest de prendre la main ?*

Tout simplement en commençant par laisser passer le 10 de ♠, Est fait la levée du Roi et rejoue ♣. Maintenant vous encaissez le Roi de ♥ et jouez un petit ♥ vers le mort. Ouest fournit le 7 et vous le 10. Si l'impasse réussit, vous avez réalisé 11 levées. Si elle échoue, c'est Est qui est en main ; votre Roi de ♦ est protégé.

LE CONSEIL PRATIQUE

Redoublez de vigilance lorsque le contrat vous paraît sur table. Imaginez le pire et agissez en conséquence, ici en évitant que l'adverse dangereux ne prenne la main.

TEST N° 22

♠	8 7 5 3
♥	D 10 9 2
♦	A
♣	R V 10 6

N

O E

S

♠	R 9 2
♥	A 8 7 6 5
♦	D 3
♣	A D 2

VOUS JOUEZ 4 ♥ EN SUD

Ouest entame du Valet de ♦.

QUEL EST VOTRE PLAN DE JEU ?

1	Double impasse à ♥ en partant du 10	
2	Double impasse à ♥ en partant de la Dame	
3	As de ♥ et ♥ vers le mort	

RÉPONSE

TEST n° 22
① = 20
② = 15
③ = 10

	Nord	
	♠ 8 7 5 3 ♥ D 10 9 2 ♦ A ♣ R V 10 6	
Ouest ♠ A 6 4 ♥ V ♦ V 10 9 6 4 ♣ 8 7 5 3	N O E S	**Est** ♠ D V 10 ♥ R 4 3 ♦ R 8 7 5 2 ♣ 9 4
	♠ R 9 2 ♥ A 8 7 6 5 ♦ D 3 ♣ A D 2	

Le bon maniement avec 9 cartes entre les deux mains, est de jouer As de ♥ suivi d'un petit ♥ vers le mort. (1)

Que pensez-vous de ce maniement sur cette donne ?

En jouant As de ♥ et ♥ vous prenez le risque de rendre la main à Est s'il possède le Roi de ♥ second ou troisième. Est aurait alors la possibilité de traverser votre Roi de ♠.

Le danger est connu. Comment y parer ?

Pour éviter qu'Est ne prenne la main, jouez le 10 de ♥ du mort. Ouest prend la main avec le Valet et rejoue ♣. Faites la levée au mort et rejouez la Dame de ♥ qui fait la levée. Continuez d'un petit ♥ pour le Roi d'Est et votre As. Après avoir défaussé un ♠ sur le quatrième ♣ du mort. Vous réaliserez 10 levées.

Note : Ne partez pas de la Dame de ♥ à la deuxième levée, afin de vous prémunir contre une chicane à ♥ en Est.

LE CONSEIL PRATIQUE
Un maniement de couleur est valable dans l'absolu. Si un danger se présente, pensez à chercher un autre maniement qui vous permette d'éviter l'adversaire dangereux.

(1) Les Maniements de couleurs. Michel Lebel - Éditions du Rocher.

TEST N° 23

♠ A R 7
♥ D V 10 5
♦ V 9 6
♣ A V 5
N
O E
S
♠ 10 8
♥ A R 9 8 6
♦ D 7 2
♣ R 8 3

VOUS JOUEZ 4 ♥ EN SUD

Ouest entame du 4 de ♠. Les atouts adverses sont répartis 2-2.

QUEL EST VOTRE PLAN DE JEU ?

1	Impasse à ♣, puis impasse à ♦ (au 10)	
2	Élimination des ♠ et As-Roi de ♣ et ♣	
3	Élimination des ♠ et ♦ vers le mort	

RÉPONSE

TEST n° 23
① = 10
② = 20
③ = 15

	♠ A R 7 ♥ D V 10 5 ♦ V 9 6 ♣ A V 5	
♠ D 6 4 3 ♥ 7 2 ♦ A 8 4 3 ♣ 10 7 6	N O E S	♠ V 9 5 2 ♥ 4 3 ♦ R 10 5 ♣ D 9 4 2
	♠ 10 8 ♥ A R 9 8 6 ♦ D 7 2 ♣ R 8 3	

Après l'As de ♠ vous enlevez en deux tours les atouts adverses.

Si tout se passe mal, vous risquez de perdre 3 levées à ♦, et la Dame de ♣. *Comment éviter de perdre 4 levées ?*

Avec un total de 9 atouts ou plus dans votre camp, vous devez profiter de l'avantage de l'atout afin d'obliger un de vos adversaires à jouer une couleur et vous offrir ainsi une impasse gratuite.

Comment réaliser cette fin de coup ?

Vous continuez par le Roi de ♠ et un petit ♠ que vous coupez, et ensuite vous jouez le Roi de ♣ suivi d'un petit ♣ pour l'As – pas d'impasse – Ensuite vous jouez le Valet de ♣.

Que va-t-il se passer maintenant ?

Un de vos deux adversaires prendra la main et sera obligé de jouer soit coupe et défausse soit ♦. Lorsque c'est l'adversaire qui joue lui-même ♦, avec le Valet du mort et la Dame dans votre main, vous allez obligatoirement faire une levée dans la couleur.

LE CONSEIL PRATIQUE

Pour bien réussir un jeu d'élimination à l'atout, commencez par éliminer les couleurs que vos adversaires peuvent jouer sans risque pour leur camp, ensuite faites la mise en main.

TEST N° 24

	♠ V 7 4 ♥ A 10 8 6 ♦ 10 8 3 ♣ A D 5
	N O E S
	♠ A ♥ R D V 9 7 5 ♦ A D 2 ♣ R V 9

VOUS JOUEZ 6 ♥ EN SUD

Ouest entame du Roi de ♠.

QUEL EST VOTRE PLAN DE JEU ?

1	Élimination ♣-♥, 7 de ♠ coupé et Valet de ♠ pour le 2 de ♦ de Sud	
2	Élimination ♣-♥-♠, As de ♦ puis ♦ vers la Dame	
3	Impasse au Roi de ♦	

RÉPONSE

TEST n° 24
① = 20
② = 10
③ = 5

	♠ V 7 4 ♥ A 10 8 6 ♦ 10 8 3 ♣ A D 5	
♠ R D 9 6 ♥ 4 2 ♦ R 7 6 4 ♣ 10 4 3	N O E S	♠ 10 8 5 3 2 ♥ 3 ♦ V 9 5 ♣ 8 7 6 2
	♠ A ♥ R D V 9 7 5 ♦ A D 2 ♣ R V 9	

Pas de problème, bien sûr, pour la première levée de l'As de ♠. Ensuite vous enlevez en deux tours les atouts adverses.

Quelle déduction pouvez-vous faire de l'entame adverse ?
Ouest a entamé du Roi de ♠, il a donc forcément la Dame de ♠.

Comment allez-vous tirer parti de ce renseignement ?
Tout simplement en coupant le 7 de ♠ du mort, puis en procédant à l'élimination des ♣. Maintenant que les adversaires n'ont plus ni atout ni ♣, vous avancez le Valet de ♠ sur lequel vous défaussez le 2 de ♦ de Sud.

Ouest est en main à la Dame de ♠ et a le choix entre jouer coupe et défausse ou ♦ dans votre fourchette As-Dame.

Quel que soit son retour, votre chelem à ♥ est gagné.

LE CONSEIL PRATIQUE

Tirez parti des renseignements fournis par l'entame adverse lorsqu'il est possible de procéder à un jeu d'élimination. Il suffisait ici de penser qu'Ouest qui avait entamé du Roi possédait obligatoirement la Dame, pour tabler votre chelem.

TEST N° 25

Nord	♠ R V 7 5 ♥ A 7 5 ♦ A 10 5 ♣ A D 3
Sud	♠ A 10 6 2 ♥ R V 10 ♦ R V 6 ♣ R 10 5

VOUS JOUEZ 6 ♠ EN SUD

Ouest entame du 9 de ♥.

QUEL EST VOTRE PLAN DE JEU ?

1	Impasse à ♠ après coup de sonde	
2	Élimination ♥-♣ puis impasse à ♠	
3	As-Roi de ♠ - Élimination ♣-♥ puis ♠	

RÉPONSE

TEST n° 25
① = 10
② = 10
③ = 20

	Nord	
	♠ R V 7 5 ♥ A 7 5 ♦ A 10 5 ♣ A D 3	
Ouest ♠ 8 3 ♥ 9 8 ♦ D 8 7 4 2 ♣ V 8 6 4	N O E S	**Est** ♠ D 9 4 ♥ D 6 4 3 2 ♦ 9 3 ♣ 9 7 2
	♠ A 10 6 2 ♥ R V 10 ♦ R V 6 ♣ R 10 5	

Comment devez-vous manier les ♠ ?

Le maniement classique de la couleur consiste à encaisser l'As ou le Roi de ♠, puis de jouer soit le 10 soit le Valet, pour se prémunir contre un partage 4-1 avec *par exemple* : D-8-4-3 dans une main et le 9 sec dans l'autre.

Que faire si cette manœuvre échoue ?

Vous devrez alors tenter l'impasse à ♦ du bon côté.

N'y a-t-il pas un meilleur plan de jeu ?

Le plan de jeu précédent était parfait à sans-atout. Ici, encaissez As-Roi de ♠, et dès que les atouts sont 3-2 (plus de 2 chances sur 3), vous tablez **en éliminant** les ♣ et les ♥, puis en jouant atout. Un des deux joueurs – Est sur la donne – est en main et doit jouer ♦ ou coupe et défausse, pour 12 levées.

LE CONSEIL PRATIQUE

L'atout est un élément magique. Vous pouvez profiter de ses avantages, même sans la moindre coupe entre les deux mains, grâce à un jeu d'élimination.

RÉSULTATS
TESTS 21 A 25

Faites le total des points que vous avez obtenu dans les 5 tests précédents.

VOTRE SCORE	
95 – 100	Un score très compétitif – Passez aux tests 26 à 30
de 80 à 90	En forme – Vous commencez à maîtriser les fins de coups
de 65 à 75	Un bon résultat – Soyez plus précis dans les jeux d'élimination
de 50 à 60	Convenable – Relisez les conseils pratiques
– de 50	Médiocre – Travaillez les jeux d'éliminations*

* Le jeu avec le mort – page 207 – (Jaïs-Lebel)

TESTS 26 A 30

PLANS DE JEU A L'ATOUT

★ ★ ★

TEST N° 26

♠ D V 6
♥ A D
♦ R D 9 7 3
♣ R D V

	N	
O		E
	S	

♠ A 10 9 5 2
♥ 7 3
♦ A 8
♣ A 10 9 6

VOUS JOUEZ 6 ♠ EN SUD

Ouest entame du 2 de ♥.

QUEL EST VOTRE PLAN DE JEU ?

1	As de ♥ et Dame de ♠	
2	As de ♥ et trois tours de ♦ (défausse d'1 ♥)	
3	Impasse à ♥ puis impasse à ♠	

RÉPONSE

TEST n° 26	
① =	5
② =	10
③ =	20

	Nord	
	♠ D V 6 ♥ A D ♦ R D 9 7 3 ♣ R D V	
Ouest ♠ R 7 4 ♥ R 9 7 5 2 ♦ 6 ♣ 8 7 5 3	N O E S	**Est** ♠ 8 3 ♥ V 10 8 4 ♦ V 10 5 4 2 ♣ 4 2
	♠ A 10 9 5 2 ♥ 7 3 ♦ A 8 ♣ A 10 9 6	

L'entame ♥ vous oblige à prendre immédiatement une décision, la bonne.

Devez-vous faire l'impasse à ♥ ou l'impasse à ♠, ou tenter le partage des ♦ ? A sans atout, la règle générale est de retarder les impasses.

En est-il de même dans un contrat à l'atout ?

Si vous fournissez l'As de ♥ à la première levée, vous devez continuer par 3 tours de ♦ dans le but de défausser le ♥ perdant de votre main. Si les ♦ sont 3-3 (environ une chance sur trois), vous avez gagné. Sinon, il vous reste la chance de l'impasse à ♠.

Par contre, si vous faites immédiatement l'impasse à ♥ à la première lévée, vous avez une chance sur deux de la réussir. Il vous restera en cas d'échec également la possibilité de l'impasse au Roi de ♠. Inutile d'être un expert pour constater que le cumul des deux impasses est la meilleure solution.

LE CONSEIL PRATIQUE

Pensez à cumuler vos chances à l'atout, comme à sans-atout. Mais à l'atout, vous n'avez pas besoin de retarder les impasses.

TEST N° 27

♠	A 6 2
♥	8 7 4
♦	10 7 3
♣	V 10 7 6

N
O E
S

♠	R D 5
♥	A D V 10 9
♦	V 8
♣	A R D

VOUS JOUEZ 4 ♥ EN SUD

Ouest entame de l'As de ♦, continue du Roi et rejoue le 5 de ♦ que vous coupez.

QUEL EST VOTRE PLAN DE JEU ?

1	Dame de ♥ suivie du Valet de ♥	
2	Impasse au Roi de ♥, puis As de ♥	
3	As de ♥ suivi de la Dame de ♥	

RÉPONSE

TEST n° 27
① = 20
② = 10
③ = 10

	Nord	
	♠ A 6 2 ♥ 8 7 4 ♦ 10 7 3 ♣ V 10 7 6	
Ouest ♠ V 9 8 7 3 ♥ 3 ♦ A R 5 ♣ 9 8 4 2	N O E S	**Est** ♠ 10 4 ♥ R 6 5 2 ♦ D 9 6 4 2 ♣ 5 3
	♠ R D 5 ♥ A D V 10 9 ♦ V 8 ♣ A R D	

Vous avez perdu déjà 2 levées à ♦ et vous risquez de perdre 1 levée à ♥. Lorsque votre contrat a l'air sur table, c'est le moment de vous poser la question suivante : ***Y a-t-il un danger ?***

Vous avez déjà coupé à ♦, il existe donc un risque de perdre le contrôle à l'atout si l'un de vos adversaires possède le Roi de ♥ quatrième et encore un ♦. Le danger est connu. *Comment y parer ?*

Dans ce genre de situation, essayez de conserver le contrôle à l'atout en abandonnant la levée à l'adversaire tant qu'il vous reste des atouts au mort.

Après avoir coupé le ♦, jouez la Dame de ♥. Si elle fait la levée, continuez du Valet. Si un de vos adversaires fait la levée, il vous reste encore un atout au mort qui vous protège d'un raccourcissement. Si vous faites encore la levée, encaissez l'As de ♥ puis vos levées maîtresses. Comme vous l'avez constaté, c'est en ne tirant pas l'As d'atout que vous avez conservé le contrôle à l'atout.

LE CONSEIL PRATIQUE

L'As d'atout est la carte la plus importante du jeu. Conservez-le précieusement en cas de danger, sinon ce sera le Roi d'atout adverse qui tiendra ce rôle.

TEST N° 28

♠ A V 9 2
♥ 9 6 5 2
♦ A 10
♣ R V 7

	N	
O		E
	S	

♠ R 5
♥ A D V 10 7
♦ V 5
♣ A D 10 8

VOUS JOUEZ 6 ♥ EN SUD
Ouest entame du 3 de ♦.

QUEL EST VOTRE PLAN DE JEU ?

1	As de ♦ et impasse à ♥	
2	As de ♦, As de ♥ et impasse à ♠	
3	As de ♦, As de ♥ et 4 tours de ♣	

RÉPONSE

TEST n° 28	
① =	15
② =	20
③ =	5

	Nord	
	♠ A V 9 2 ♥ 9 6 5 2 ♦ A 10 ♣ R V 7	
Ouest ♠ D 7 6 ♥ R 8 ♦ D 9 3 2 ♣ 6 5 4 3	N O E S	**Est** ♠ 10 8 4 3 ♥ 4 3 ♦ R 8 7 6 4 ♣ 9 2
	♠ R 5 ♥ A D V 10 7 ♦ V 5 ♣ A D 10 8	

Pour une fois, pas de problème à la première levée : vous encaissez l'As de ♦. *Et ensuite ?*

Si vous commencez par l'impasse au Roi de ♥ et que celle-ci échoue, le chelem est chuté.

Existe-t-il un plan de jeu qui augmente vos chances ?

Vous savez qu'une impasse est à une chance sur deux. *Pour améliorer vos chances,* vous devez cumuler deux manœuvres.

Encore faut-il les jouer dans le bon ordre.

A la deuxième levée, vous jouez un petit ♥ pour l'As de votre main. Si le Roi de ♥ est sec (en Ouest environ 6 %), vous avez gagné. S'il ne tombe pas, vous avez encore la possibilité de faire l'impasse à la Dame de ♠ en jouant Roi de ♠ et ♠ pour le Valet, et en encaissant l'As de ♠.

Le cumul des chances augmente vos possibilités de réussite d'environ 5 %.

LE CONSEIL PRATIQUE

Sur cette donne, l'entame adverse ne vous avait pas permis une possibilité d'impasse. Dans ce genre de situation, faites votre plan de jeu en retardant vos impasses.

TEST N° 29

♠ R D 8
♥ A R 7 5
♦ A 10 8 7
♣ R 7

	N	
O		E
	S	

♠ A 10 7
♥ 8 2
♦ R V 6 2
♣ A 10 6 2

VOUS JOUEZ 6 ♦ EN SUD

Ouest entame du Valet de ♥, vous faites la 1re levée avec le Roi de ♥.

QUEL EST VOTRE PLAN DE JEU ?

1	Roi de ♦ suivi du Valet de ♦	
2	As de ♦ suivi du 10 de ♦	
3	As et Roi de ♦ puis double coupe	

RÉPONSE

TEST n° 29	
① =	10
② =	10
③ =	20

	Nord	
	♠ R D 8 ♥ A R 7 5 ♦ A 10 8 7 ♣ R 7	
♠ 9 7 4 ♥ V 10 9 ♦ D 9 3 ♣ V 9 5 3	N O E S	♠ V 6 3 2 ♥ D 6 4 3 ♦ 5 4 ♣ D 8 4
	♠ A 10 7 ♥ 8 2 ♦ R V 6 2 ♣ A 10 6 2	

Commencez par un rapide compte des perdantes.

En principe, vous ne devez pas perdre de levée en dehors des atouts si vous arrivez à établir un bon plan de coupe.

Le maniement classique de le couleur pour ne pas perdre de levée est de jouer l'un des deux gros honneurs, par exemple l'As, et de continuer par le 10 dans le but de capturer Dame-9 quatrièmes (en Est).

N'existe-t-il pas un meilleur plan ?

Dans ce genre de contrat, vous avez pu lire plus haut qu'il fallait établir un bon plan de coupe. Comme vous pouvez perdre une levée, commencez par encaisser l'As et le Roi de ♦. Si vos deux adversaires fournissent, terminez en coupant par exemple les deux ♥ perdants du mort avec les atouts de Sud. L'adversaire fera une levée d'atout quand il le voudra.

LE CONSEIL PRATIQUE

Sur cette donne, il suffisait de tirer As-Roi de ♦ pour gagner, c'est-à-dire qu'il n'y avait nul besoin de chercher un maniement des ♦.

TEST N° 30

♠ A 8 4
♥ D V 9 5
♦ A R 6 2
♣ 10 8

	N	
O		E
	S	

♠ D V 10
♥ A R 10 8 4
♦ D 7 5
♣ A D

VOUS JOUEZ 6 ♥ EN SUD

Ouest entame du 3 de ♥. Vous enlevez les atouts adverses (qui sont 2-2).

QUEL EST VOTRE PLAN DE JEU ?

1	Trois tours de ♦ puis impasse à ♠ et à ♣	
2	Impasse à ♠ puis à ♣	
3	Impasse à ♠ puis squeeze ♦-♣	

RÉPONSE

TEST n° 30
① = 20
② = 10
③ = 15

	Nord	
	♠ A 8 4 ♥ D V 9 5 ♦ A R 6 2 ♣ 10 8	
Ouest ♠ 7 6 5 ♥ 6 3 ♦ V 10 4 3 ♣ V 7 4 3	N O E S	**Est** ♠ R 9 3 2 ♥ 7 2 ♦ 9 8 ♣ R 9 6 5 2
	♠ D V 10 ♥ A R 10 8 4 ♦ D 7 5 ♣ A D	

Le bon plan est celui qui vous permettra de cumuler vos chances au maximum.

En quelque sorte, *plus vos chances sont importantes,* plus votre plan devra être précis. Seule l'impasse au Roi de ♠ paraît indispensable, mais attention si elle échoue, Est sera en main et rejouera ♣. Et vous serez devant le problème suivant : faut-il tenter l'impasse à ♣, le partage des ♦, voire même un squeeze ♣-♦ ? *Comment éviter ce problème ?*

En commençant par manœuvrer la seule couleur où vous ne devez pas rendre la main à l'adversaire – ♦ –.

Après les atouts, vous jouez 3 tours de ♦ en terminant en Sud. S'ils sont 3-3, le contrat est gagné. Sinon, après l'impasse à ♠ qui échoue sur la donne, Est rejouera ♣. Et à ce moment, sachant que les ♦ ne sont pas 3-3, vous pourrez tenter l'impasse au Roi de ♣.

LE CONSEIL PRATIQUE

De nombreux experts préfèrent jouer sur un squeeze plus spectaculaire que la simple réussite d'une impasse. L'impasse est pourtant la manière la plus simple, et souvent la plus efficace, de faire une levée.

RÉSULTATS
TESTS 26 A 30

Faites le total des points que vous avez obtenu dans les 5 tests précédents.

VOTRE SCORE	
95 – 100	Vous êtes en excellente forme – Vous maîtrisez le jeu à l'atout
de 80 à 90	Très bien – Cette série sur le jeu à l'atout était difficile
de 65 à 75	Bien – Vous pouvez encore améliorer votre technique à l'atout
de 50 à 60	Un résultat correct – Comptez bien vos levées avant de jouer
– de 50	Pas terrible – Vous n'arrivez pas à cumuler vos chances

TESTS 31 A 35

PLANS DE JEU
CONTRATS PARTIELS

★★

SOYEZ AUSSI CONCENTRÉ POUR JOUER UNE PARTIELLE QU'UN GRAND CHELEM

TEST N° 31

	♠ A D V ♥ 8 2 ♦ 10 9 7 5 ♣ 9 7 3 2
O	E
	S
	♠ R 10 9 6 3 ♥ R V 6 ♦ A 6 2 ♣ A 4

VOUS JOUEZ 2 ♠ EN SUD

Ouest entame du Valet de ♣.

QUEL EST VOTRE PLAN DE JEU ?

1	As de ♣ puis ♥ de votre main	
2	As de ♣, atout pour le mort et ♥	
3	As de ♣ et affranchissement des ♦	

RÉPONSE

TEST n° 31
① = 20
② = 15
③ = 5

	Nord	
	♠ A D V ♥ 8 2 ♦ 10 9 7 5 ♣ 9 7 3 2	
Ouest ♠ 7 5 4 ♥ A D 9 3 ♦ D 8 4 ♣ V 10 6	N O E S	**Est** ♠ 8 2 ♥ 10 7 5 4 ♦ R V 3 ♣ R D 8 5
	♠ R 10 9 6 3 ♥ R V 6 ♦ A 6 2 ♣ A 4	

Pour une partielle le plan de jeu doit s'établir de la même façon que pour une manche ou un chelem.

Commencez donc par compter vos perdantes :

2 à ♥, 2 à ♦ et 1 à ♣, soit un total de 5 perdantes.

Le contrat de 2 ♠ paraît sur table.

Mais attention, si vous commencez par jouer un seul tour d'atout dans le but d'être au mort, afin de jouer un petit ♥ vers Roi-Valet, vous risquez de perdre la levée de la Dame, et votre adversaire jouera atout pour enlever votre coupe, et continuera dans le même esprit quand il reprendra la main à l'As de ♥.

Le plan de jeu est maintenant évident :

Jouez ♥ de votre main à la deuxième levée. Ouest est maintenant sans défense, même s'il contre-attaque atout. Il vous restera à la fin un atout au mort pour couper un ♥.

LE CONSEIL PRATIQUE

Profitez de la non-entame atout pour couper une ou plusieurs perdantes au mort, quitte à ouvrir la coupe en abandonnant une levée probable au profit d'un plan de jeu à 100 %.

TEST N° 32

♠ D 8 7 5 4 2
♥ 10 8
♦ 10 7 3
♣ R 7

	N	
O		E
	S	

♠ A 3
♥ R D V 9 7
♦ V 5
♣ D V 10 3

VOUS JOUEZ 2 ♥ EN SUD

Ouest entame de l'As de ♦, continue du Roi et joue le 8 de ♦ pour la Dame d'Est.

QUEL EST VOTRE PLAN DE JEU ?

1	Défausse du 3 de ♠, puis ♣ avant ♥	
2	♦ coupé et atout	
3	♦ coupé et ♣ vers le Roi	

RÉPONSE

TEST n° 32	
① =	20
② =	10
③ =	15

	♠ D 8 7 5 4 2 ♥ 10 8 ♦ 10 7 3 ♣ R 7	
♠ V 9 6 ♥ 5 4 ♦ A R 8 ♣ 9 8 6 5 2	N O E S	♠ R 10 ♥ A 6 3 2 ♦ D 9 6 4 2 ♣ A 4
	♠ A 3 ♥ R D V 9 7 ♦ V 5 ♣ D V 10 3	

L'entame et la continuation à ♦ risquent de vous poser le problème suivant : *comment éviter d'être raccourci ?*

Vous avez probablement une perdante à ♠, commencez par la défausser sur la Dame de ♦. Est est en main et ne peut pas rejouer ♦, le 10 de ♥ du mort vous protège. Est rejoue ♠.

Si vous jouez atout à ce stade du coup, l'adversaire prendra le deuxième tour d'atout et continuera ♦. Après avoir coupé, vous allez perdre le contrôle du coup si un joueur possède 4 cartes à ♥ et l'As de ♣ en plus de la longueur à ♦. *Il s'agit d'un coup délicat à manier.*

Voici le bon plan.

Après l'As de ♠, jouez ♣ pour le Roi. Est prend de l'As et rejoue ♠, que vous coupez. Maintenant vous jouez Dame de ♣ et un ♣ maître **que vous coupez** du 10 de ♥. Si Est surcoupe, vous avez gagné autrement, jouez ♠ que vous coupez, et ♣ coupé du mort, l'adversaire ne pouvant faire que l'As de ♥.

LE CONSEIL PRATIQUE

La difficulté d'un contrat partiel réside dans le fait que le déclarant a souvent peu de moyens. Vous devez donc adapter votre ligne de jeu à la faiblesse de vos moyens.

TEST N°33

♠ 8 7 3
♥ V 7
♦ 10 9 3
♣ R D 10 6 2
N
O E
S
♠ A R 2
♥ D 8 3
♦ A D 8 5
♣ V 7 3

VOUS JOUEZ 1 SA EN SUD

Ouest entame du 4 de ♠ pour le 3 du mort
et le 10 d'Est.

QUEL EST VOTRE PLAN DE JEU ?

1	♠ laissé-passé et affranchissement des ♣	
2	Roi de ♠ et affranchissement des ♣	
3	Roi de ♠, petit ♣ vers le mort et 10 de ♦	

RÉPONSE

TEST n° 33	
① =	5
② =	10
③ =	20

	♠ 8 7 3 ♥ V 7 ♦ 10 9 3 ♣ R D 10 6 2	
♠ D 9 6 4 ♥ A 10 6 2 ♦ V 7 4 ♣ 8 4	N O E S	♠ V 10 5 ♥ R 9 5 4 ♦ R 6 2 ♣ A 9 5
	♠ A R 2 ♥ D 8 3 ♦ A D 8 5 ♣ V 7 3	

Il ne sert à rien de laisser passer l'entame à ♠.

Quelle est la couleur à affranchir ?

♣ est la meilleure couleur de votre camp. Elle est évidente à affranchir, mais une fois affranchie vous n'aurez pas de communication pour l'encaisser, sauf si l'As est second (ou sec).

Par contre, l'adversaire qui détient l'As troisième ne peut pas le mettre sans vous affranchir la couleur. *Servez-vous de ce « moyen de pression » pour affranchir une autre couleur.*

Jouez à la deuxième levée un petit ♣ pour le 10 qui fait la levée, et avancez le 10 de ♦ pour tenter la double impasse à Roi-Valet. Ouest prend du Valet et continue ♠. Vous jouez maintenant ♣ pour la Dame. Est est sans défense. S'il laisse passer, vous tentez l'impasse au Roi de ♦ et réalisez : 7 levées. S'il prend, la défense ne pourra pas faire plus de 6 levées.

LE CONSEIL PRATIQUE

Vous vous êtes servi de la longueur du mort pour affranchir une autre couleur. Pensez à utiliser une longueur sans reprise comme moyen de communication, l'adversaire étant obligé de laisser passer, afin de vous empêcher d'exploiter cette couleur.

TEST N° 34

♠	A 5 4 2
♥	A 9 4
♦	6 4 2
♣	8 5 3

N

O E

S

♠	R V 8 6
♥	R 8 5
♦	R 7 3
♣	A D 6

VOUS JOUEZ 2 SA EN SUD

Ouest entame de la Dame de ♥, pour le 2 d'Est. La Dame de ♠ est 3e en Est.

QUEL EST VOTRE PLAN DE JEU ?

1	Dame de ♥ laissé-passé, impasses à ♠ et ♣	
2	Roi de ♥, trois tours de ♠ et As de ♥ et ♥	
3	Roi de ♥, trois tours de ♠ et impasse à ♣	

RÉPONSE

TEST n° 34
① = 10
② = 20
③ = 10

	♠ A 5 4 2 ♥ A 9 4 ♦ 6 4 2 ♣ 8 5 3	
♠ 10 3 ♥ D V 10 6 ♦ A V 5 ♣ R 10 4 2	N O E S	♠ D 9 7 ♥ 7 3 2 ♦ D 10 9 8 ♣ V 9 7
	♠ R V 8 6 ♥ R 8 5 ♦ R 7 3 ♣ A D 6	

Quel renseignement pouvez-vous tirer de la première levée ?

Ouest possède probablement 4 cartes à ♥ – le 2 d'Est signale 3 cartes – par Dame-Valet-10.

Comment arriver au total de 8 levées ?

Commencez par prendre la première levée, et tentez immédiatement d'affranchir vos ♠, en jouant un petit ♠ pour l'As, puis un petit ♠ pour le Valet. Encaissez le Roi de ♠.

Que devez-vous jouer maintenant ?

Vous jouez As de ♥ et ♥, Ouest est mis en main. Il encaisse son treizième ♥ et doit jouer ♦ pour votre Roi, ou ♣ dans votre fourchette As-Dame.

Note : la réponse de 2 SA de Nord est normale avec 8 points et une distribution 4-3-3-3 – Le Stayman est déconseillé sans valeur de coupe – (**Stayman et Texas**. M. Lebel)

LE CONSEIL PRATIQUE

Les mises en main à sans atout sont aussi simples à réaliser qu'à l'atout, à condition d'avoir pris la précaution, de conserver la carte indispensable à cette fin de coup.

TEST N° 35

♠ V 10
♥ 10 7 6 2
♦ R 8
♣ A R 7 6 2

N
O E
S

♠ 9 4 2
♥ A 8 5 3
♦ A 9 6 2
♣ 9 4

VOUS JOUEZ 3 ♥ EN SUD

Ouest entame de l'As de ♠, encaisse le Roi de ♠ et rejoue le 4 de ♦

QUEL EST VOTRE PLAN DE JEU ?

1	Roi de ♦ et petit ♥ des 2 mains	
2	Roi de ♦ et As de ♥ et ♥	
3	As de ♦ et affranchissement des ♣ par la coupe	

RÉPONSE

TEST n° 35
① = 20
② = 10
③ = 10

	Nord	
	♠ V 10 ♥ 10 7 6 2 ♦ R 8 ♣ A R 7 6 2	
Ouest ♠ A R 8 5 ♥ R D 4 ♦ 10 7 5 4 ♣ D 3	N O E S	**Est** ♠ D 7 6 3 ♥ V 9 ♦ D V 3 ♣ V 10 8 5
	♠ 9 4 2 ♥ A 8 5 3 ♦ A 9 6 2 ♣ 9 4	

Comptez vos levées perdantes : après les 2 premières levées à ♠, vous devez perdre au minimum 2 levées à ♥. Vous devrez donc faire attention et manœuvrer avec prudence.

Comment manœuvrer les atouts ?

Si vous commencez par jouer As de ♥ et ♥, l'adversaire qui possède 3 atouts donnera un troisième tour d'atout et vous serez dans l'obligation de trouver les ♣ partagés 3-3.

La manœuvre se précise :

Une technique que vous maîtrisez dans les contrats à sans atout : le coup à blanc, est également efficace dans les contrats à l'atout.

Vous jouez donc, après avoir fait la levée du Roi de ♦, un petit ♥ des deux mains. Vous avez donné un coup à blanc à l'atout. L'adversaire rejoue ♦, vous prenez de l'As. Maintenant vous encaissez l'As de ♥ et continuez en double coupe. Le joueur qui possède le 3e atout (Ouest) le fera en fin de coup.

LE CONSEIL PRATIQUE

Le coup à blanc est une manœuvre classique des contrats à sans-atout. Il est également utilisé à l'atout afin de donner un atout à l'adversaire sans lui donner la possibilité d'enlever vos atouts.

RÉSULTATS
TESTS 31 A 35

Faites le total des points que vous avez obtenu dans les 5 tests précédents.

VOTRE SCORE	
95 – 100	Super – C'est sur les partielles que vous ferez la différence
de 80 à 90	Très bien – Ce parcours était d'un excellent niveau
de 65 à 75	Un résultat convenable – Appliquez-vous sur les partielles
de 50 à 60	Pas si mal – Concentrez-vous davantage
– de 50	Vous jouez trop vite – Recommencez les tests de 31 à 35

TESTS 36 A 40

LES GRANDES MANŒUVRES

★ ★ ★

TEST N° 36

♠	A D 10 2
♥	A 6 2
♦	R V 5
♣	R 10 9

N
O E
S

♠	R 6 3
♥	V 9 5
♦	A D 7
♣	A D V 8

VOUS JOUEZ 6 SA EN SUD

Ouest entame du Roi de ♥.

QUEL EST VOTRE PLAN DE JEU ?

1	As de ♥ et petit ♥ vers le 9	
2	Petit ♥ et squeeze ♠ - ♥	
3	As de ♥ et impasse au Valet de ♠	

RÉPONSE

TEST n° 36	
① =	10
② =	20
③ =	10

	♠ A D 10 2 ♥ A 6 3 ♦ R V 5 ♣ R 10 9	
♠ V 9 7 4 ♥ R D 10 ♦ 9 8 2 ♣ 5 4 2	N O E S	♠ 8 5 ♥ 8 7 4 2 ♦ 10 6 4 3 ♣ 7 6 3
	♠ R 6 3 ♥ V 9 5 ♦ A D 7 ♣ A D V 8	

Un rapide compte des levées : 3 à ♠, 1 à ♥, 3 à ♦ et 4 à ♣ vous donne un total de 11 levées maîtresses.

Un joueur qui entame le Roi contre un chelem a certainement le 10. Il est donc mal joué de prendre de l'As dans l'espoir de jouer un petit ♥ pour le 9 afin d'affranchir une levée à ♥.

Si les ♠ sont 3-3, ou si le Valet est second ou sec, vous ferez 12 levées. Après avoir laissé passer l'entame, commencez par encaisser vos levées maîtresses. Ouest possède 4 cartes à ♠´ en plus de la Dame de ♥. Il est donc seul à garder les deux couleurs.

Ce défilé des levées maîtresses s'appelle un squeeze.

Ouest est en effet squeezé sur le dernier ♣ : s'il lâche un ♠, vos ♠´ sont bons. S'il défausse la Dame de ♥, le Valet de ♥ est maître.

C'est grâce au « laisser-passer » que vous avez « réduit » le compte indispensable à la préparation du squeeze.

LE CONSEIL PRATIQUE

Avec 11 levées maîtresses si vous jouez un petit chelem, pensez à réduire le compte afin de préparer un squeeze, une manœuvre assez simple à réaliser à la table, après avoir donné en début de coup la ou les levées que vous avez le droit de perdre.

TEST N° 37

♠ R 9 5
♥ A 9 8 6
♦ R V 9
♣ A V 8
N / O E / S
♠ A 8 4
♥ 2
♦ A D 10 8 7
♣ R D 5 2

VOUS JOUEZ 7 ♦ EN SUD

Ouest entame de la Dame de ♥. Vous faites la 1re levée avec l'As.

QUEL EST VOTRE PLAN DE JEU ?

1	Coupe des ♥ du mort (par Sud)	
2	Deux tours de ♦ et quatre tours de ♣	
3	Squeeze ♠-♥	

RÉPONSE

TEST n° 37	
① =	20
② =	10
③ =	5

	Nord	
	♠ R 9 5 ♥ A 9 8 6 ♦ R V 9 ♣ A V 8	
Ouest ♠ V 10 3 ♥ D V 10 4 ♦ 6 4 2 ♣ 9 6 3	N / O E / S	**Est** ♠ D 7 6 2 ♥ R 7 5 3 ♦ 5 3 ♣ 10 7 4
	♠ A 8 4 ♥ 2 ♦ A D 10 8 7 ♣ R D 5 2	

Si vous vous basez sur le jeu de Sud, vous pouvez constater qu'aucune solution ne vous permet de faire 13 levées. *Le grand chelem est-il alors désespéré ?* Non. Dans ce genre de situation, **essayez d'établir un plan basé sur le jeu du mort** et non sur votre jeu. Si vous arrivez à couper les 3 ♥ perdants de Nord et à enlever les atouts adverses, vous pourrez défausser le ♠´ perdant sur le 4e ♣ de Sud. ***Le bon plan se précise*** *:* coupez un petit ♥, jouez un petit ♣ pour le Valet, coupez un autre petit ♥ avec l'As de ♦, remontez au mort à l'atout en jouant le 8 de ♦ pour le 9, et coupez le dernier ♥ du mort. Vous n'avez plus qu'à surprendre la Dame de ♦ avec le Roi et encaisser les atouts. **Le mort est maître.** Vous aurez réalisé 2 levées de ♠, l'As de ♥, 3 coupes à ♥, 3 atouts et 4 levées de ♣, soit **13 levées**. Cette 13e levée miraculeuse a été créée grâce à une technique efficace qui s'appelle le mort inversé.

LE CONSEIL PRATIQUE

Lorsqu'il vous manque une levée dans un contrat à l'atout et qu'aucune solution n'apparaît, pensez alors à jouer en **mort inversé**. Ce sera peut-être la solution à votre problème.

TEST N° 38

♠ V 3 2
♥ R 8 4
♦ 9 7 6 3
♣ A D 4

	N	
O		E
	S	

♠ A R D 7 5
♥ 9 6 2
♦ A
♣ R 7 6 2

VOUS JOUEZ 4 ♠ EN SUD

Ouest entame du Valet de ♥. La défense fait les 3 premières levées et joue ♦ pour votre As.

QUEL EST VOTRE PLAN DE JEU ?

1	Trois fois atout et les ♣ 3-3	
2	Trois fois atout et squeeze ♦-♣	
3	Deux fois atout et As-Roi-Dame de ♣ et ♣ coupé	

RÉPONSE

TEST n° 38	
① =	10
② =	10
③ =	20

	Nord	
	♠ V 3 2 ♥ R 8 4 ♦ 9 7 6 3 ♣ A D 4	
♠ 10 6 4 ♥ V 10 5 ♦ R V 2 ♣ V 9 5 3	N O E S	♠ 9 8 ♥ A D 7 3 ♦ D 10 8 5 4 ♣ 10 8
	♠ A R D 7 5 ♥ 9 6 2 ♦ A ♣ R 7 6 2	

Vos adversaires ont fait les trois premières levées à ♥, et à première vue vous n'avez pas de perdante immédiate.

Vous n'êtes pourtant pas sûr de faire 10 levées. Pour gagner votre contrat, vous devez ne pas perdre de levée à ♣.

Comment gagner contre le partage 4-2 des ♣ ?

Commencez par donner 2 tours d'atout et continuez en jouant un petit ♣ vers l'As. Encaissez la Dame de ♣, et jouez ♣. Si les ♣ sont 3-3, vous enlevez le dernier atout.

Si les ♣ sont 4-2 et qu'un joueur coupe, vous auriez perdu de toute façon. Et si comme c'est le cas sur la donne, le même joueur – Ouest – possède 4 cartes à ♣ et 3 cartes à ♠, vous allez gagner en coupant votre dernier ♣ avec le Valet de ♠.

Cette manœuvre qui consiste à laisser un atout dehors dans le but de couper une perdante dans une couleur longue s'appelle la manœuvre de Guillemard.

LE CONSEIL PRATIQUE

La manœuvre de Guillemard a pratiquement doublé vos chances de gagner. Pensez-y lorsque votre contrat semble dépendre d'un partage 3-3 d'une couleur secondaire.

TEST N° 39

♠ R 7 4
♥ R 10 7 5 3
♦ R D 3
♣ D V

	N	
O		E
	S	

♠ D 10 2
♥ D 4
♦ A V 10 7
♣ R 7 6 3

VOUS JOUEZ 3 SA EN SUD

Ouest a ouvert d'1 ♠ et entame du 6 de ♠.

QUEL EST VOTRE PLAN DE JEU ?

1	Impasse directe au Valet de ♥	
2	Affranchissement des ♣	
3	4 de ♥ vers le Roi et ♣	

RÉPONSE

TEST n° 39
① = 15
② = 5
③ = 20

	♠ R 7 4 ♥ R 10 7 5 3 ♦ R D 3 ♣ D V	
♠ A V 9 6 3 ♥ A 9 2 ♦ 9 8 4 ♣ A 10	N O E S	♠ 8 5 ♥ V 8 6 ♦ 6 5 2 ♣ 9 8 5 3 2
	♠ D 10 2 ♥ D 4 ♦ A V 10 7 ♣ R 7 6 3	

Ouest a ouvert d'1 ♠, il a donc un minimum de 5 cartes à ♠, il possède également les 3 As qui vous manquent.

Comment gagner la course de vitesse contre un adversaire qui possède une longueur et toutes les reprises ?

Vous pouvez vous poser la question suivante : comment neutraliser un des As de l'ouvreur ? Si vous jouez ♣ à la deuxième levée, Ouest plongera de l'As et affranchira ses ♠. *Résultat :* 1 de chute.

Alors regardons ce qui se passe si vous jouez à la deuxième levée un petit ♥ – le 4 – sous la Dame. Si Ouest plonge de l'As, il vous affranchira d'un seul coup quatre levées à ♥ et votre contrat est gagné. S'il ne plonge pas, vous « volez » la levée du Roi de ♥, et maintenant vous jouez ♣, et réalisez 9 levées : 2 à ♠, 1 à ♥, 4 à ♦, 2 à ♣. Cette neuvième levée à ♥, vous l'avez remportée grâce à une des plus belles manœuvres du bridge, le contretemps.

LE CONSEIL PRATIQUE
Pour gagner la course de vitesse, placez l'adversaire dangereux dans une situation inconfortable et « volez » grâce à un contretemps la levée qui vous manque.

TEST N° 40

♠ R 8 4
♥ A 7 5
♦ 8 6 2
♣ A R 7 5

N
O E
S

♠ A 7 5 3 2
♥ 9 6
♦ A R 5 3
♣ 6 4

VOUS JOUEZ 4 ♠ EN SUD

Ouest entame de la Dame de ♥ pour l'As du mort.

QUEL EST VOTRE PLAN DE JEU ?

1	As-Roi de ♦ et petit ♦	
2	♦ à blanc, As-Roi de ♠ et As-Roi de ♦	
3	As-Roi de ♠ et As-Roi de ♦	

RÉPONSE

TEST n° 40	
① =	10
② =	20
③ =	5

	♠ R 8 4 ♥ A 7 5 ♦ 8 6 2 ♣ A R 7 5	
♠ D 10 6 ♥ D V 8 2 ♦ 10 7 ♣ V 9 8 3	N O E S	♠ V 9 ♥ R 10 4 3 ♦ D V 9 4 ♣ D 10 2
	♠ A 7 5 3 2 ♥ 9 6 ♦ A R 5 3 ♣ 6 4	

A première vue, vous avez besoin des ♠ 3-2 et du partage 3-3 des ♦. Le partage 3-2 des atouts est indispensable. Mais, comme vous l'avez vu dans **le test 38**, il est possible de se servir d'un atout du mort pour couper un ♦ perdant. *Faut-il d'abord jouer atout ou* ♦ *?*

Si vous commencez par jouer atout, un de vos adversaires pourra donner un 3e tour de ♠.

Si vous commencez par jouer As-Roi de ♦ et ♦, vous risquez de chuter si l'un de vos adversaires possède un doubleton dans les 2 couleurs. ***Le bon plan se précise.***

Donnez un coup à blanc à ♦. L'adversaire encaissera une levée à ♥ et rejouera ♥ que vous couperez. Ensuite, encaissez As-Roi de ♠ et As-Roi de ♦, et continuez ♦. **Le dernier atout précieusement conservé au mort** vous permet de gagner à coup sûr contre le partage 4-2 des ♦.

LE CONSEIL PRATIQUE

Bravo si vous avez trouvé ce plan de jeu très élégant, qui associe le coup à blanc à une coupe du mort. Comme vous l'avez constaté plusieurs fois, le coup à blanc est une véritable roue de secours lorsque se posent des problèmes de communication.

RÉSULTATS
TESTS 36 A 40

Faites le total des points que vous avez obtenu dans les 5 tests précédents.

VOTRE SCORE	
95 – 100	Votre technique est excellente – Vous devez être un partenaire très recherché
de 80 à 90	Bravo – Vous avez l'habitude des grandes manœuvres
de 65 à 75	Un score très convenable – Vous possédez une bonne technique qui ne demande qu'à s'améliorer
de 50 à 60	Un score convenable – Soyez néanmoins plus précis dans vos plans de jeu
– de 50	Une médiocre fin de parcours – Relisez les grandes manœuvres

BRIDGEZ AU SUPER AVEC MICHEL LEBEL

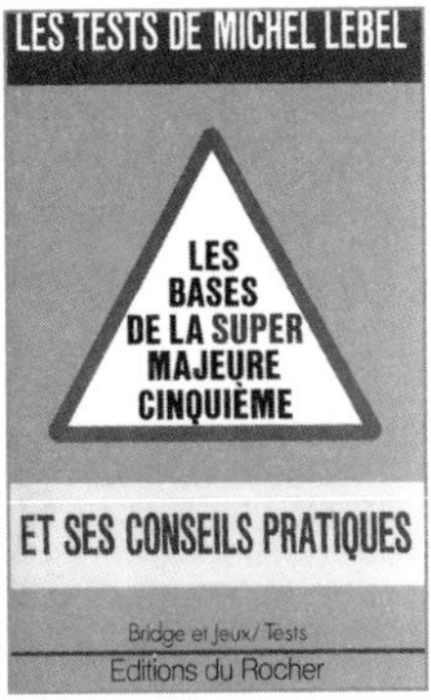

LES TESTS DE MICHEL LEBEL

Michel Lebel

50 EXERCICES DE BRIDGE

SUPER
MAJEURE
CINQUIÈME
ET JEU DE LA CARTE

ÉDITIONS DU ROCHER

Bridge et jeux — Michel Lebel

LES TESTS DE MICHEL LEBEL

LES MANIEMENTS DE COULEURS

ET SES CONSEILS PRATIQUES

Bridge et Jeux/Tests

Editions du Rocher

LES TESTS DE MICHEL LEBEL

STAYMAN
et
TEXAS

ET SES CONSEILS PRATIQUES

Bridge et Jeux/Tests

Editions du Rocher

Michel LEBEL

LA MINI SUPER

LA BIBLE DU BRIDGE EN POCHE

Editions du Rocher

Michel Lebel

Les nouvelles enchères de la défense

BRIDGE STANDARD FRANÇAIS

EDITIONS DU ROCHER

Bridge et Jeux Michel Lebel

Cet ouvrage a été achevé d'imprimer
en septembre 1997 dans les ateliers
de Normandie Roto Impression s.a.
61250 Lonrai
N° d'imprimeur : 971730
Dépôt légal : septembre 1997

Imprimé en France